Gotas da Palavra de Deus

Mensagens diárias para edificar sua vida

Loubach Publisher

Maritza Loubach

Publicadora:

Fotos
Criaçao e arte Capa: Marilza Loubach

Foto Capa:
Photo by JanFillem on Unsplash

Pedidos:

Marilza Loubach
Sitio Indayassu
Alto Jequitiba MG
Brazil
www.lulu.com/spotlight/MLoubach
https://marilzaloubach.wixsite.com/marilzaloubach

Aos meus pais e minha família, e à todas as mulheres que passam por problemas diários necessitando de uma palavra de fortalecimento.

"...fortalecei-vos no Senhor e na força do seu poder." (Ef 6:10)

Índice

Sobre a Autora

Marilza Loubach é esposa de Gilson Loubach, mãe de Vitor, Mateus e Carolina, avó de Isabel e Ágatha, Pedagoga e professora de Música.

Escritora, atualmente se dedicando mais profundamente aos livros, e ao chamado para qual Deus a chamou.

A autora Descreve suas experiências por onde passa com o objetivo de ajudar a tantas mulheres (e homens) que passam por problemas similares e fortalecer a fé destes que buscam viver segundo a vontade de Deus.

Estas experiências foram descritas aqui como gotas que vinham do céu. Deus as lhe enviava para que pudesse gravar e repassar àqueles que precisam fortalecer sua fé, lendo ou ouvindo outros com experiências similares ou até diferentes mas que, como a sua fidelidade e misericórdia é infinita, Ele mesmo provê a vitória sobre cada situação, através da nossa obediência à Sua Palavra.

Que cada um que vier obter essas gotas sejam alcançados pela misericórdia e amor de Deus que nos salva, nos cura e nos fortalece.

À Ele toda honra e Glória!

Prefácio

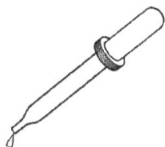

Um pequeno conta-gotas

Como um pequeno conta gotas que traz o remédio medicinal para as vidas daqueles pequeninos, essa é a imagem que posso visualizar das palavras que Deus tem trazido ao meu coração, à cada dia, à cada momento difícil que passei é que através destas mensagens como "pingos" de saúde, ao final de vários dias, me restabeleço e minha saúde espiritual assim é restaurada. Pela fé nós conseguimos nos firmar e pela fé conseguimos obter essa gota miraculosa da Palavra de Deus, que nos fortifica, nos capacita e nos cura por completo, assim como está escrito em Provérbios :

"Filho meu, atenta para as minhas palavras; às minhas razões inclina o teu ouvido. Não as deixes apartar-se dos teus olhos; guarda-as no meio do teu coração. Porque são VIDA para os que as acham e SAÚDE, para o seu corpo."

Provérbios 4.20-22

Assim é o meu desejo que você leitor, possa aprender com minhas experiências, apreender aquilo que foi detectado no seu coração, retendo, e compartilhando suas próprias experiências com o Senhor Jesus em sua vida, com outras pessoas, para que o Reino do Senhor Jesus seja alcançado por muitos e muitos que carecem dEle.

Marilza Loubach

Introdução

Características do Conta-Gotas

Segundo Ribeiro, D., na Revista de Ciência Elementar, um conta-gotas (ver figura 1) é um instrumento bastante utilizado em laboratório para transferência de pequenos volumes de substâncias no estado líquido.

(Referência Ribeiro, D., (2014) Conta-gotas, Rev. Ciência Elem., V2(4):270/ DO http://doi.org/10.24927/rce2014.270 .

Geralmente, o conta-gotas é indicado inicialmente para pessoas que não conseguem engolir coisas sólidas, como por exemplo um comprimido. Neste caso, os pacientes que usam este tipo de instrumento medicinal são crianças menores, justamente por terem essas dificuldades.

Da mesma forma, percebo que nós, quando iniciamos nossa caminhada com Deus, somos como crianças, como Ele mesmo nos disse através da sua Palavra em Mateus:

"...em verdade vos digo que, se não vos converterdes e não vos tornardes como crianças, de modo algum entrareis no reino dos céus."

Mateus 18:3 ARA

Vamos às experiências adquiridas e que Deus esteja sobre sua vida abrindo sua mente e seu coração para compreender aquilo que Deus quer lhe falar.

Capítulo 1

Retrospectiva

O Diário

Em meu primeiro livro *"Plante uma árvore, tenha um filho, escreva um livro"*, citei que a história desse livro praticamente começava pelo meu diário e disse que explicaria em outro livro o por quê do diário não existir mais.

Numa ocasião, depois de minha conversão, comecei a perceber que diversas vezes em que olhava para o passado, sofria muito por perceber o quanto havia magoado a Deus, o quanto O desobedeci e aos meus pais também, e sofria muito! Então, após orar muito sobre isso, nesse dia estava no sitio dos meus pais. (Em Minas Gerais, mais especificamente no leste de Minas, nós usamos a expressão "roça" para mostrarmos nosso lado cultural de que é nossa raiz, nossa cultura de termos um pedacinho de terra). Segundo o site de conteúdo rural, Compre Rural diz:

> Hoje em dia para cada região do Brasil há denominações diferentes, cito por exemplo: rancho, roça, colônia. Isso varia bastante porque nosso país é imenso e a pluralidade de culturas faz com que isso fique concentrado em cada região. No estado de São Paulo por exemplo um rancho é uma área localizada na beiro do rio, onde as pessoas normalmente constroem casas para passar os finais de semana. Grandes áreas são chamadas de roça no estado de Minas Gerais. Se você possui 1 alqueire mineiro é a mesma coisa de você possuir 4,84 hectares (medida universal de terra). Toda essa confusão porque em São Paulo sempre prevaleceu o entendimento de que a medida agrária deveria representar apenas um dos alqueires originais e em Minas Gerais prevaleceu o entendimento de que deveria representar o indissociável par de alqueires, razão pela qual até hoje se conhecem como alqueire paulista a área correspondente a 24.200 m² e alqueire mineiro, que corresponde a 48.400 m²
>
> Fonte: https://www.comprerural.com/saiba-qual-a-diferenca-entre-chacara-sitio-e-fazendas-e-confira-as-medidas-de-terra-no-brasil/

Enfim, depois de orar muito, veio em minha mente o versículo em que Deus nos diz que Ele apaga todas as nossas transgressões, quando vimos a Ele e nos entregamos de todo o nosso coração nos arrependendo de nossos pecados.

4

"Sou Eu, Eu mesmo, aquele que apaga tuas transgressões, por amor de mim, e que não se lembra mais de teus erros e pecados."Is 43:25

Então senti no coração de queimar todo o meu passado representado naquele diário. Eu sei que em cada pessoa, Deus trata particularmente, mas pra mim, aquela foi a forma em que me senti livre de toda lembrança ruim, que causava dor a mim e ao meu Deus.

Me senti realmente livre, e em paz!

Jequitibá, Presidente Soares, Alto Jequitibá

Foto tirada no meu Sitio Indayassu em Alto Jequitibá. Aos pés dele minha neta Isabel

Outra parte em meu livro, cito que meus pais têm uma propriedade rural numa cidade chamada Alto Jequitibá, que já se chamou Presidente Soares e que se chamava anteriormente só de Jequitibá. Pois bem, a razão desses nomes todos trocados estão na historia dessa cidade que está bem registrada no histórico do município, no site da Prefeitura e também no histórico da Igreja Presbiteriana de Alto Jequitibá que foi a pedra fundamental do nascimento da cidade:

"*O nome da cidade originou da existência de um Jequitibá, que é uma árvore gigantesca encontrada em abundância na Zona da Mata mineira no século XIX, o que marca o surgimento da cidade. Essa grandiosa árvore servia de orientação para os tropeiros que ali se encontravam para comercializarem gêneros na região. A cidade está localizada a oeste do Pico da Bandeira, apresentando uma altitude de 645m na sede e 1.698m na Serra da Mantiqueira. Possui uma área de 152.737Km².*

Pico da Bandeira ao fundo, vista do Sitio Indayassu, Alto Jequitiba MG - BRASIL

De acordo com o Censo Demográfico do IBGE (2000), a população total do município era de 8.458 de habitantes, sendo que um pouco mais da metade da população vive na zona rural. Os municípios limítrofes são Manhumirim, Caparaó, Alto Caparaó, Luisburgo e Divino de São Lourenço/ES.

Do mirante da Vargem Grande pode-se observar toda a grandiosidade da Serra da Mantiqueira, com uma vista privilegiada do cume do Pico da Bandeira. Já para os praticantes de esportes radicais, a rampa da Serra dos Tavares é uma boa opção para a prática de vôo livre. O Aeromodelismo, vem se tornando chave na cidade. O campo de aviação é o local ideal para a pratica deste hobby.

Possui um imensurável acervo histórico, onde pode-se destacar pontilhões, estações e túneis construídos pela já extinta Estrada de Ferro Leopoldina Railway.

Pontilhão antigamente usado pelo Trem, desativado e usado atualmente como passarela. para pedestres.

No cenário religioso destaca-se a presença das igrejas (Presbiteriana e Católica) e o prédio do antigo internato do Colégio Evangélico, onde hoje funciona o Museu do Colégio Evangélico, com fotos antigas em painéis de madeira talhadas pelo primeiro fotógrafo da cidade, Antônio Zavatário.

Prédio do Antigo Internato Masculino e refeitório. Hoje funciona a APCE - Associação Presbiteriana do Colegio Evangelico.

Devido a grande fertilidade de seu solo, atraiu a vinda de colonos, basicamente alemães e suíços, oriundos de Nova Friburgo (RJ), sendo a família Sanglard a pioneira, chegando ali em 1862, os quais foram, também, pioneiros na implantação da cultura cafeeira. Destacam-se, também, as famílias Eller, Sathler, Werner, Gripp, Heringer, Catheringer, Boechat, Stutz, Schuab, entre outras. Ainda existe na cidade fazendas centenárias.

O povoado foi elevado a distrito em 1923, com o nome de Presidente Soares e obteve sua emancipação em 1953. Após um plebiscito realizado em 21 de outubro de 1991, a cidade voltou a ter seu nome de origem, Alto Jequitibá

https://www.altojequitiba.mg.gov.br/a-cidade/historia-do-municipio

Igreja Católica em Alto Jequitibá - MG

Igreja Presbiteriana – Palco da historia de Alto Jequitibá-MG

Inclui-se ali *entre outras, a família César e Loubach, a qual também pertenço.

Neste histórico, também, não posso deixar de acrescentar o Relato do Histórico da Igreja Presbiteriana de Alto Jequitibá, esclarecendo a sua origem:

"...nasceu de colonizadores evangélicos alemães luteranos que aqui chegaram em 1868 para construir uma família cristã que procurava ser fiel ao Senhor. Em 1868, com a devida autorização do Rei D. João VI, se estabeleceu no fertilíssimo Alto Jequitibá, a primeira família de protestantes – Guilherme Eller, seu filho Pedro e demais familiares. Guilherme Eller, sua esposa Carlota e o 1º filho, começaram a pregar o evangelho com o companheiro Cristiano Cesar, também imigrante alemão luterano (ambos pertencentes à minha árvore genealógica). A fertilidade da terra atraiu outros emigrantes alemães: Famílias Faria, Emmerich, Gripp, Verly, Heringer, Sattler, Cesar, Dias, Loubach, Breder, Spamer, Schwab, Storck, Caterink, Kleim e outros.

Passados alguns anos Dr. John Merry Kyle, americano e presbiteriano chegou em Alto Jequitibá em julho de 1897 e neste mesmo ano foi inaugurado o 1º Templo da Igreja Presbiteriana de Alto Jequitibá, construído pelo Sr. Henrique Eller (tio de meu pai). Era simples, com parede de pau a pique, esteios de madeira e coberto de taboinhas de cedro. O assoalho era de tábuas de jequitibá e sem forro. Os bancos não tinham encosto. Era denominado "Casa de Oração".

8

Em 1917, considerando o grande número de crianças da Igreja em idade escolar e que havia apenas uma Escola Municipal bastante precária, o Rev. Anibal Nora, juntamente com sua esposa, D. Constância, resolveram em 1917 abrir uma Escola Primária. Esta escolinha foi o germe do Ginásio Evangélico, organizado em 05 de março de 1923 e reconhecido pelo Governo em 1926.

Em 1963 foi iniciada as atividades da Escola Normal anexa ao Colégio Evangélico, sob a gestão do Rev. Cicero Siqueira, apoiado pela sua esposa professora Cecília Rodrigues Siqueira, com sua criação registrada no ano anterior.

Apos o ano de 1973, com a gestão do Rev. Wilson de Souza Lopes foram feitos vários feitos relacionados à Educaçao do Município de Alto Jequitibá: 1) construiu a nova casa pastoral; Reformou a Praça de Esportes; Reabriu o Internato Feminino na antiga casa pastoral; Construiu e inaugurou o Centro Social "Rev. Cícero Siqueira" em 06 de setembro de 1975.
(http://www.ipaj.org.br/historia.php)

Falci também no meu primeiro livro sobre a D. Margarida Sathler. Aos seus 102 anos, lúcida e com a sua vista vívida, usada geralmente para a prática da leitura bíblica, veio a falecer. Relatei no livro que ela na Escola Dominical, aos jovens, com detalhes usando cartazes geralmente reusados de outros cartazes para outros fins, escritos à mão, do lado de trás, com destaque em vermelhos ou azuis os nomes de cidades da bíblia, conforme o estudo bíblico do dia. A ênfase era a situação histórica e a localização geográfica da região, tudo minuciosamente contado por ela e esboçado nos cartazes. Essa mulher que Deus usou e transformou para Sua obra tem uma riquíssima história de vida e experiencias ímpar, onde tentarei relatar aqui incríveis fatos que não posso deixar jamais cair no esquecimento, quando vejo que veio a marcar a minha vida a forma como Deus através de sua imensa misericórdia, transforma de forma radical a vida das pessoas que se rendem integralmente à Ele para o uso na sua obra.

Dona Margarida do Amaral Sathler

Nascida em 27/11/1905 em Manhuaçu. Casada com Oliveiro Sathler filho de José Augusto Sathler, neto de Augusto Sathler e bisneto de Conrad Sathler.

Faleceu em Alto Jequitibá – MG no dia 02 de fevereiro/15 e foi sepultada no dia seguinte, sendo seu corpo velado no Auditório Rev. Aníbal Nora (APCE), aos 109 anos de idade. Talvez seja a pessoa mais idosa de nossa vasta região. Era mulher temente a Deus, profunda conhecedora da Palavra de Deus e grande educadora. Filha do Sr. Amaral Franco, nome de uma das ruas centrais de cidade de Manhuaçu, MG. Gostava de ensinar as crianças e servir ao próximo. Dizia sempre: "Sou muito feliz e tenho tudo que necessito, não me falta nada. Declarou que o segredo da longevidade é sorrir sempre e trabalhar com crianças".

D. Margarida Sathler era casada com o irmão de Elias Sathler que é sogro de Dr Roque Pinel. Aproveito para homenagear esse grande homem que não nasceu em Alto Jequitibá, mas casou com uma jequitibaense, D. Irene Sathler Pinel e formou família, trabalhando como o primeiro médico formado ali dando assistência a todos que moravam ou iam para passeio e precisassem de seu serviço.

Dr Roque Pinel

Dr Roque Pinel nasceu em Manhumirim, MG. Estudou medicina na Universidade Federal Fluminense em Niterói. Formou em 1948. Voltou para Manhumirim. Foi convidado para Trabalhar em Iúna - ES.

Conheceu D. Irene Sathler em um casamento em Pequiá, distrito de Iúna - ES. Casaram em 1950. Veio morar e trabalhar em Jequitibá. Em 1951 o hospital de Jequitibá foi inaugurado. Trabalhou com médico até 2014, quando veio a se aposentar.

Trabalhou 66 anos como médico.

Contava história dele com 5 anos indo a cavalo vender leite na cidade, sozinho. Não encontrou uma onça no caminho*, porém caiu do cavalo e teve fratura exposta do braço/cotovelo. Ficou torto. E foi esse defeito no braço que o salvou de lutar na segunda guerra. Foi dispensado. Mal sabiam eles que era exímio atirador!

* Tomei liberdade de registrar da forma que sua filha (Cristina Sathler Pinel) havia me passado essa informação. Para o leitor compreender que naquela ocasião, não existiam estradas asfaltadas como hoje. Eram de terra e andava-se na maioria das vezes, à cavalo, e como haviam muita mata na região podia-se sempre se deparar com cobras e outros animais silvestres, ao que causava ao cavalo terror, fazendo-o pular, consequentemente, o cavaleiro também acabava por cair.

Capítulo 2

O Retorno 2018

"Achadas as tuas palavras, logo as comi; as tuas palavras me foram gozo e alegria para o coração, pois pelo teu nome sou chamado, ó Senhor, Deus dos Exércitos." Jeremias 15:16 AR

Contexto Atual

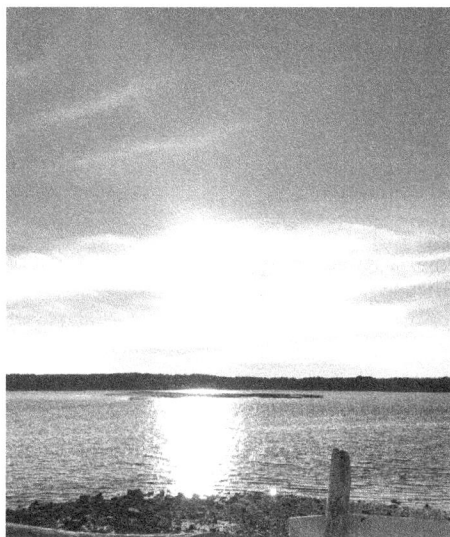

Foto tirada em 2018,
Vineyard Haven, MA USA

Retornei aos EUA, pela terceira vez, após muitas orações e confirmação na palavra de Deus. Iniciei minhas atividades lá como secretária num escritório de contabilidade e suporte a clientes que precisavam de serviços consulares, de minha sobrinha, que é legal no país.

Houveram alguns momentos em que tive que me colocar realmente nas mãos de Deus, para que Ele pudesse me usar.

Após 1 ano e meio em obediência à Palavra de Deus e à Sua vontade, o Senhor me ensinou e está me moldando à fazer segundo o Seu querer.

Após alguns períodos de aprendizados, passando por tribulações emocionais, enfrentando enfermidades, e para honra e Glória do Senhor Jesus, rejeitando todas elas, no nome dEle, Ele me respondeu ao meu clamor, desde quando decidi fazer a vontade dEle, de não agir enquanto Ele não confirmar Sua vontade em primeiro lugar na minha vida, e então, Ele me respondeu.

Passei por alguns períodos de incertezas assim que os exames feitos detectaram um problema no meu cérebro, logo após um ataque de convulsão, dizendo ser algo nato, me perguntei e me derramei diante do Senhor o por quê disso ter acontecido comigo, Deus usou várias pessoas comprometidas com a Palavra de Deus, me fortalecendo, e me dizendo que Deus está no controle, e nunca nos abandona, e que há para tudo um propósito debaixo do Céu, e é claro, que eu ja sabia disso tudo, mas quando a tribulação vem, não há lembranças de coisas positivas que a Palavra de Deus nos havia ensinado, porque somos fracos e como Moises, como Davi, como tantos homens de Deus que mostraram suas fraquezas em diversos momentos, nos dizendo que somos humanos, Deus nos fortalece e nos diz que Ele é soberano, e que tudo o que precisamos é dEle em nós.

No mesmo dia em que retornava do medico, foi comprada a passagem de retorno ao Brasil. No auge da preocupação sobre o que acontecia comigo, em comum acordo, adquirimos a passagem e ficou marcado com um prazo de mais ou meno 1 mes. Porém, após alguns momentos de incertezas, de orações, sobre o momento de retorno, se era essa a vontade de Deus, coloquei diante do Senhor toda essa decisão.

Assim, após alguns dias de conversa com Deus, veio a confirmação que a minha viagem de retorno ao Brasil está na vontade dEle. Está no controle dEle.

> *11- O Senhor disse: "Eu certamente o fortaleci para o*
> *bem e intervim por você, na época da desgraça e por causa do*
> *inimigo.*

> *19 - Assim respondeu o Senhor: "Se você se arrepender,*
> *eu o restaurarei para que possa me servir; se você disser*
> *palavras de valor, e não indignas, será o meu porta-voz. Deixe*
> *esse povo voltar-se para você, mas não se volte para eles.*

> *20 - Eu farei de você uma muralha de bronze fortificada*
> *diante deste povo; lutarão contra você, mas não o vencerão,*
> *pois estou com você para resgatá-lo e salvá-lo", declara o*
> *Senhor.*

> *21 - "Eu o livrarei das mãos dos ímpios e o resgatarei*
> *das garras dos violentos". Jeremias 15:19-21*

Compreendo que o "inimigo" aqui é tudo o que te afasta da comunhão com Deus. Nossas dificuldades, enfermidades, fraquezas.. enfim, aquilo que te traz um sentimento mau. Insegurança.

Foi postergada meu retorno com o dinheiro da passagem paga por uma aluna, que sentia muito eu estar indo embora e ela perder a oportunidade de ter seus conhecimentos de musica perdidas. Então como já havia dito pra Deus anteriormente que se fosse da vontade dEle de que não fosse aquele momento, que Ele providenciasse uma forma de ter aquele valor da passagem restituído na minha mão. E assim foi feito.

02/03/2018

A principio, senti profundamente no meu coração um propósito firme de trabalhar na área da educação aqui na América... devido à quantidade de crianças e famílias que estão desestruturadas, sem direcionamento para seus filhos tendo a escola regular somente como o único meio de comunicação e GESTÃO das disciplinas de aprendizagens.... Ainda estou em fase de amadurecimento. Mas Deus está no controle.

Disciplinas que Ele me capacitou com Seu dom como a Música, através do violão, piano, instruções em português e em inglês, matérias do currículo brasileiro como as disciplinas das escolas regulares do Brasil.

Enfim, Deus tem a mim como sua serva, e após tomar posse de Sua palavra, me disponho a fazer Sua vontade, Ele irá cumprir sua vontade na minha vida. Como? Não sei ainda mas Ele está no controle. Glórias a Ele!

Aprendendo sobre Jesus tem-me feito entender as respostas de Deus, Ele está me ensinando a ser como Ele. Muito tenho que aprender e fazer para conseguir parecer com Ele. Mas Sua palavra me diz que "Nada é impossível ao que crê" Mt 19:26.

14/03/2018

Os dias passam, e o Senhor sempre no controle, nos fortalece. Essa semana é a semana do aluguel. Eu creio que Deus como sempre, está no controle. Como Ele irá nos socorrer, eu também não sei, mas eu creio.

Continuo crendo que o fim para o qual eu vim, já está sendo cumprido. Meus filhos mais amadurecidos espiritualmente, com experiências com o Senhor Jesus. E o principal, meu marido também.... Creio que Deus já está agindo, pois sinto sua preocupação em ouvir programações evangélicas cujas experiências de pregadores relatadas ao casamento e à familia. Quando estou na igreja, ele assiste aos cultos online, mesmo não indo comigo. Deus está no controle. Minha ida postergada tem uma segurança para ele que imperceptível, mas que não só para ele mas para mim, nos curou, tirando as enfermidades que creio que ja foram embora no nome de Jesus, que levou todas nossas enfermidades na cruz.

15/06/2018

Deus no controle sempre!

Muitas coisas aconteceram nesse tempo, mas nenhuma das que Deus já havia me falado e colocado no meu coração deixou tão claro e forte do que o propósito de Deus da minha vida na obra dele. Eu me dispus e ofereci minha vida a Deus por tudo o que Ele tem feito por mim.

Com a graça e misericórdia de Deus, retornamos com alegria para junto de nossa família em Agosto/2018.

Comemoramos o aniversário de nosso filho mais velho, Vitor (10/08) em nosso retorno ao Brasil. Juntos estávamos os irmãos de meu marido e sobrinhos e todos nossos filhos.

Nos primeiros dias, festejamos e depois fomos avaliar nossa saúde. Meu marido e eu começamos a caminhada aos médicos e medicamentos.

À medida em que íamos verificando em cada consulta, íamos também providenciando o reconhecimento dos bens e a administração deles.

Na nossa propriedade, foi feito o planejamento para construção da casa sede. Foi feito a preparação do terreno para a construção. Sempre com a direção de Deus.

Dificuldades como sempre surgindo nas realizações, mas no fundo, após dias verificando e analisando o que possivelmente estaria fora do propósito de Deus para justificar a demora e o atraso do inicio desse projeto, no fundo vimos que não é segundo o nosso querer, mas segundo o querer e a vontade do Soberano Deus.

Capítulo 3

Cuidando da saúde

Neste momento estou no hospital em Vitoria, ES, relatando esses acontecimentos, e aguardando para uma cirurgia de histerectomia na próxima terça-feira, dia 19/02/2019. Vejo essa a situação de não termos iniciado ainda o projeto da construção da casa, porque o "pontapé inicial" tem que começar por aqui.

Nestes dias que tenho estado aqui, neste hospital, conheci companheiras de quarto as quais vi o poder de Deus sendo derramado, através de orações de mães, de filhas e de visitas ao quarto. Orei por elas e elas por mim. Vi Deus permitindo umas de sairem e outras de irem para suas casas e voltarem. Vi Deus agindo através disso tudo. Percebi que sem a presença de Deus nesses ambientes, não haveria possibilidade de cura. A cura vem de Deus. Poderia estar citando aqui vários versículos para fixação na mente e no coração daquele que está neste momento passando por problemas de Saúde. dentre os mais conhecidos estão estes:

Então ele (Jesus) disse: — Vão pelo mundo inteiro e anunciem o evangelho a todas as pessoas. Quem crer e for batizado será salvo, mas quem não crer será condenado. Aos que crerem será dado o poder de fazer estes milagres: expulsar demônios pelo poder do meu nome e falar novas línguas; se pegarem em cobras ou beberem algum veneno, não sofrerão *nenhum mal; e, **quando puserem as mãos sobre os doentes, estes ficarão curados.**" Mc 16:15-18*

*'como Deus ungiu Jesus de Nazaré com o Espírito Santo e poder, e como ele andou por toda parte fazendo o bem e **curando todos os oprimidos pelo Diabo, porque Deus estava com ele.** Atos dos Apóstolos 10:38*

*Ao anoitecer foram trazidos a ele muitos endemoninhados, e ele expulsou os espíritos com <u>uma palavra</u> **e <u>curou todos os doentes</u>.**" Mc 9:16*

*"Ao pôr do sol, o povo trouxe a Jesus todos os que tinham vários tipos de doenças; **e ele os curou, impondo as mãos sobre cada um deles.**" Lc 4:40*

Aqui deixo os trechos das coisas acontecidas para conhecimento e compartilhamento servindo de testemunho para muitos que ainda engatinham na fé em Cristo Jesus:

No dia 11 de fevereiro de 2918 fui internada no Hospital Santa Casa de Misericórdia em Vitoria ES para preparação e cirurgia no dia 19 de Fevereiro - 3a. Feira. Cheguei no Hospital por volta das 7 da manhã na segunda de manhã. Fiquei num quarto de numero 1, onde tinham 2 mulheres que foram as minhas companheiras de quarto.

As duas estavam no soro e uma estava muito mal. O nome desta era Eliete.

A primeira de nome Micaela, era uma mulher moreninha parecia uma menina, mas já era mãe e casada, e estava pra fazer uma cirurgia e ficava quietinha, caladinha,

Eu, D. Eliete e Micaela

não se manifestava muito, gemia bem baixinho de vez em quando. Permanecia quase sempre deitada, e a outra, Eliete, ja era uma senhora de 65 anos e bem mais forte e estava com uma das filhas como acompanhante.

O tempo em que estivemos juntas foram dois dias e meio.

No primeiro, as ouviam gemer, e comecei a orar com elas pois só eu estava bem, ate bem demais, para mim, não haveria necessidade de internar, pensava eu. Falei pra medica:

- "só vim porque tinha que controlar o INR do meu sangue, por conta da trombose, e eu faço uso de um remedio pra ralear o sangue".

Porém eles tinham que fazer aqui no hospital, não aceitaram que eu fizesse em casa enfim, eu reclamei com os médicos nos dois dias logo de manhã, pra ver se conseguia logo fazer a cirurgia, e não ficar aqui tempo demais. Mas eles olharam as datas necessárias para o controle do anticoagulante e eram necessários 5 dias, e ficou inviável neste caso.

Enfim, orei com as companheiras de quarto por umas 4 ou 5 vezes durante o dia, orava, e neste meio período, vieram outras irmãs de outras igrejas visitando, orando por todas. Incrível porque senti Deus falando mesmo pra todas elas e a mim também.

Então, um grupo dessas visitas veio a mim, 2 irmãzinhas e uma delas, uma senhorinha mais idosa, Leu uma palavra pra mim, de fé, e com a outra a Micaela, Decretou sobre ela a cura, e ficamos assim no primeiro dia. No segundo dia, se repetiu as orações e as visitas e a mãe de Micaela que veio da Bahia. Micaela me falou depois, que ela passou mal de uma hora pra outra e que veio e deixou a Bíblia no chão, onde estava orando, e ali ficou, e ela tinha chegado da casa da mãe - na Bahia há uma semana e a mãe a tinha avisado que tinha sonhado com ela caída no chão. E quanto a mãe veio visitá-la aqui no hospital, vi as duas orando com as mãos dadas, e a mãe decretando a cura pra filha e logo mais tarde a mãe antes de sair parou e veio orar por nós, e ela dizendo do sonho, vi perfeitamente o agir de Deus aqui neste hospital.

A mulher saiu, e no outro dia, eu orei novamente por elas, e já falando decretando:

- Vocês vão receber alta... fiquem atentas!

Logo depois veio o médico e disse que a primeira estava de alta. Nisso, a segunda que estava bem debilitada, vi nela um desespero tremendo, fui orando e falando e profetizando também, creia dona Eliete, a senhora também vai receber, creia e receba a cura!

Não demorou meia hora e o médico veio e deu alta à Eliete, que numa questão de minutos ela se levantou e arrumou toda feliz.

Tirei uma foto e salvei o telefone das duas criando um grupo e enviei as fotos pra gente se comunicar.

No outro dia Eliete me avisa que estava no hospital novamente. Retornou para internar e eu cheguei lá no quarto e já fui falando brincando pra ela que estava com saudades mas não era pra ela retornar. Isso era 15/02/2019.

Na madrugada do dia 16/02/19, Deus me incomodou.

Antes, porém, estava no quarto com essas duas no dia em que elas estavam pra sair, não sabia que iriam ainda, mas sentia e comecei a sentir meio sozinha... noticias da Agatha, minha neta em seus primeiros dias de aula (não dá pra explicar...) fui lembrando e recordando de todo meu caminho até chegar ali, e veio uma tristeza e sentei na cadeira quietinha e me deu uma vontade de chorar muito, mas estive meio receosa de chorar alto perto delas... mas não tive como conter, não sei explicar. Comecei a chorar e chorar e elas ficaram preocupadas. Dona Eliete então, perguntou:

-"O que tá havendo?"

Não conseguia me conter. Fiz um gesto com as mãos, dizendo que estava bem e que falaria depois... Não conseguia falar. Só chorar.

Depois de algum tempo, eu orando ali e chorando, apareceu uma dessas alunas de medicina, (na ala que estou tem uma sala de aula onde os alunos diariamente passam olhando os pacientes) Meio ruiva com um olhar doce, e uma voz suave e veio me perguntando o que estava sentindo, se eu estava bem, e em que ela podia me ajudar, e me deu uma paz. Disse umas palavras que me deu paz de espírito, no meio dessas situações, Deus usa pessoas que nem conhecemos... e ai, ela me deu um abraço e disse que qualquer coisa poderia chamá-la e foi embora.

Dois dias depois ela voltou e eu tinha ficado curiosa pra saber o nome dela. Ela veio e me deu aquele abraço carinhoso e perguntou se estava bem, e ela disse o nome: Gabriela.

Eu estava chorando e lembrando de como meus filhos

foram criados e todos os problemas que eles tiveram com minha vida corrida, e nem pude dar a eles uma atenção maior, mas, Deus conhece meu coração e me trouxe paz em meio a isso tudo.

Retornando ao assunto do hospital, no momento, de madrugada, senti Deus me chamando pra orar pela mulher que retornou. Ouvi Ele me dizendo pra pegar meu óleo que estava na minha bolsa. E passar nas minhas mãos, esfreguei e era pra orar e impor as mãos nela e eu passei o óleo, e pensei, Não, não deve ser agora não, alias ela deve estar dormindo, e eles vão brigar comigo porque estou saindo do meu quarto, etc., etc.

Deitei.

Dai a pouco Deus foi me incomodando e eu custei a levantar. Em poucos minutos, a filha dela veio no meu quarto parou na porta dizendo que estava me procurando e disse:

- Nem te falo minha filha, acredita que minha mãe não me deixa dormir!

Daí, eu sai na mesma hora e fui lá. Ja fui chegando e sentindo Deus falar e chorando e falei bem baixinho com ela no seu ouvido: O Senhor manda te dizer que era pra eu orar por você te dando cura.

Orei pelas 4 mulheres do quarto dela enfim, ela estava muito agitada fui orando e perguntando o que houve?

Ela respondeu:

- essas lagartixas.... eu tenho medo delas.

Eu disse:

- O amor lança fora o medo, não precisa ter medo.

E fomos conversando e orando e ali ela foi se acalmando... e essa filha era uma das mais agitadas e nervosas...

Eu terminei lá e vim pro meu quarto tomei um banho e vim dormir... ai sim, eu relaxei e disse pra Deus que estou aqui pra o que Ele quiser.

Pouco depois, um dos estudantes veio me ver e conversar e disse que é a primeira vez que desde que ele veio que a enfermaria estava vazia.

Deus está trabalhando aqui neste hospital.

A mulher (Eliete) tem 3 filhas: a mais nova é uma menina de fé e oração.

A segunda é de fé, oração e experiente e a terceira filha é uma pessoa que já trabalha em outro hospital. A maior parte do tempo, fica no celular e briga pela mãe, mas só verbalmente. Mas tem o conhecimento da Palavra.

A filha do meio, assim que amanheceu, já de madrugada, veio aqui me contar o que houve: A mãe quase morreu ano passado, e veio pro hospital e teve um problema na sala de cirurgia, e as meninas fizeram um compromisso com Deus que assim que ela saísse do hospital elas iriam fazer um culto de agradecimento a Deus.

Porém aconteceram algumas coisas e elas não cumpriram o prometido. Dai a mãe voltou ao hospital há uns 15 dias. Ficou aqui e voltou pra casa foi orientado a estas que procurasse o urologista, e assim foi feito. Foram ao médico encaminhado pelo ginecologista e ele não quis atendê-la. Porém a filha disse que insistiu e ele não a atendeu, e ela procurou a justiça, disse ao juiz que não queria indenização nenhuma, só que a mãe fosse atendida, pois o juiz decretou que o médico tem que pagar uma indenização e se o médico não a atender, ele terá que pagar por dia 10 mil reais de multa.

Como Deus age às vezes não entendemos, mas ele cuida de nós!

Tudo isso aconteceu de um dia pro outro.

Deus está nos dando portas abertas pra pregar, falar do amor de Cristo, e do juízo também para aqueles que não O aceitarem.

17/02/2019

Hoje Deus está movendo meu coração. Senti o desejo de cantar e louva-lo por tudo o que Ele é, e pelo que Ele tem feito.

Coloquei um Louvor tocando no celular e comecei a leitura da Palavra de Deus. O louvor detalhava o que esta descrito em Apocalipse:

> *Imediatamente, eu me achei em espírito, e eis armado no céu um trono, e, no trono, alguém sentado;*
>
> *Ao redor do trono, há também vinte e quatro tronos, e assentados neles, vinte e quatro anciãos vestidos de branco, em cujas cabeças estão coroas de ouro.*
>
> *E os quatro seres viventes, tendo cada um deles, respectivamente, seis asas, estão cheios de olhos, ao redor e por dentro; não têm descanso, nem de dia nem de noite, proclamando: Santo, Santo, Santo é o Senhor Deus, o Todo-Poderoso, aquele que era, que é e que há de vir.*
>
> *Apocalipse 4:2, 4, 8 ARA*

E me tocou profundamente me dando uma vontade de erguer meus braços aos céus agradecendo e louvando a Deus por tudo o que Ele é. Logo após isso, me veio a mente a imagem de anjos e anciãos louvando ao Senhor e me fazendo lembrar que os que aqui morrem em Cristo, sejam crianças e velhos, todos estarão diante do Santo dos Santos adorando-O. E veio a imagem da minha filha Gabriela (citei no meu livro "Plante uma Arvore, tenha um filho e escreva um livro" o acidente trágico em que a perdemos) O adorando lá, e no futuro próximo promissor, o nosso encontro onde poderemos revê-la, e encontrarmos com nossos familiares que já estão na presença do Senhor. Será um dia inimaginável, indescritível, quando nos encontrarmos. Não posso descrever a alegria que sentirei, pois será algo sem precedentes.

Enquanto escrevia aqui, a enfermeira procura pela minha nova companheira de quarto, que chegou mais tarde: Gabriela.

Eu, uma das mulheres de oração e Gabriela, a paciente.

Deus me toca e me diz que esta na hora do Gilson retornar a Deus. Tomar uma decisão e não ficar em cima do muro. Se ele quer rever a filha deverá buscá-Lo com todo coração e desejá-Lo com toda a alma, e ter uma comunhão e intimidade com Ele.

Capítulo 4

Prova de Fogo

26/02/2019

Fiquei no Hospital de 11/Fev/2018 a 26/02/2018

Do dia 11 ao 18, foram os períodos em que precisava que meu sangue fosse controlado retirando o anticoagulante de forma gradativa para a cirurgia do dia 19.

A partir do dia 19, já seriam os dias em que seriam precisos para retornar gradativamente com as doses do anticoagulante, até que chegasse o índice do INR (Prothrombin Time and International Normalized Ratio - PT/INR) estivesse entre 2.0 e 3.0.

No dia seguinte à minha cirurgia já estava andando, sentando com um pouco de dificuldade e aguardando os medicamentos a fazerem efeito.

Como eu já havia feito esses controles de sangue nos EUA, me sentia confortável em às vezes questionar o médico, nunca jamais enfrentando-os mas procurando saber se estariam agindo de acordo com o protocolo dos quais eu ja havia passado por eles.

Na quinta feira dia à tarde (21/02/2019), a médica veio ao meu quarto e perguntei à ela o resultado do índice do INR daquele dia e vi que não sofrera muita alteração pós cirurgia. Então questionei se estavam alterando a quantidade de comprimidos em quantidades/peso para que o índice pudesse sofrer alteração positiva, pois ja que estava abaixo do esperado. Ela me respondeu que estavam controlando da forma em que o meu médico vascular havia explicitado em seu laudo.

Para quem não entende como funciona esse tipo de tratamento irei explicar de forma resumidamente para melhor compreensão do fato, através do documento cientifico publicado pela Sociedade Brasileira de Angiologia Cardio Vascular:

5.1.4. Anticoagulação Oral

Duração do Tratamento Anticoagulante

Varfarina:

Alcançar o RNI em nível terapêutico (entre 2 e 3) o mais breve possível é importante porque diminui a duração do tempo de uso de anticoagulantes parenterais, diminuindo os custos. Embora a dose de 5mg tenda a prevenir a anticoagulação excessiva, a dose inicial de 10 mg pode alcançar mais rapidamente o RNI terapêutico67,68(A). Em revisão sistemática que avaliou a eficácia de uma dose inicial de 10 mg de varfarina comparada com 5 mg nos pacientes com TEV, não foram observadas diferenças entre elas em relação à recorrência de TEV, às hemorragias menores ou graves e na duração do período de internação67(A).

Não há vantagem na retirada gradual, comparada com a retirada abrupta da varfarina, em termos de evitar a recorrência de TVP42(A).

(Projeto Diretrizes SBACV Sociedade Brasileira de Angiologia Cardio Vascular / TVP - TROMBOSE VENOSA PROFUNDA DIAGNÓSTICO E TRATAMENTO.

Planejamento e Elaboração - Gestões 2012/2015 /Elaboração final: novembro de 2015)

Enfim, eu havia notado nos medicamentos que estava tomando que não haviam mudanças, os medicamentos eram as mesmas quantidades sempre: Enoxaparina Sódica Venosa - 40mg (duas doses/dia) e Marevan (Warfarin/Varfarina) 5mg (1 dose/dia).

Após essa resposta comecei a ficar atenta para verificar se os medicamentos estavam sofrendo alguma alteração de modo que os resultados alterassem também.

Sexta passou, sábado questionei... resultados abaixo do esperado... médica me dizendo que estariam subindo, me dando um número como por exemplo...1,34 e 1.39. No domingo, fiquei impaciente pois o calor estava a cada dia pior, nos "matando" de tão forte, e nem à noite mais refrescava, fazendo-nos perder paciência, o bom humor, nossa vontade de continuar ali, e esperar. Perguntei à mesma médica do outro dia, quando estaria, e se estaria disponível o exame de sangue (INR) para que pudessem verificar e me liberar, e ela disse que estaria pronto após às 14h, e que se tivesse acima do esperado eles liberariam-me. Concordei então, e aguardei. O resultado dessa vez foi 1.40, então de novo, perguntei às medicas que algo não estava funcionando, e quando a estagiaria veio, com os resultados em seu telefone, verifiquei que os números não "batiam" com as informações passadas... os números tinham um zero após a vírgula, alterando para menos o valor do INR, sendo assim onde disseram que era 1,34, seria na verdade 1,034. Onde era 1,35 seria 1,035 e assim por diante... comecei a ficar alterada e disse que algo precisava ser feito. Eu não poderia ficar ali por todo o tempo, se no hospital não fossem feitas as alterações devidas, para que ao final chegassem ao resultado esperado por menos tempo de estadia minha ali.

Segunda feira chegou e novamente exigi que a médica viesse me dar uma justificativa, pois eu ja havia conversado com Deus, colocando minha vida para que ele me usasse ali, mas nesse período, senti um silencio, como um período de espera para que eu tomasse uma atitude. Disse para Ele (o meu Deus) que se eu estivesse agindo fora dos propósitos dEle, que me desse uma palavra e aquietasse meu coração, o que a todo instante procurava na Sua Palavra e para aquele dia especifico, na segunda feira foi o verso 91 dos Salmos 91, o que para mim, foi "DESCANSAR NO SENHOR" Ele tem o controle... porém, não podia admitir que eu deveria ficar parada... eu sabia que o Senhor age a todo momento, onde nós NÃO PODEMOS ATUAR. Por isso, onde eu pudesse eu iria atuar.

Liguei para o meu médico vascular perguntando a ele sobre o procedimento que ele colocou no meu laudo, se não deveria ser acrescentado à cada dia, dependendo dos resultados dos exames os valores em pesos do medicamento usado, no caso do Marevan, ou da própria Enoxaparina o que ele respondeu que sim, e após uma conversa mais delicada ele me disse que eu deveria estar no hospital ate que o médico me liberasse, mas caso eu necessitasse de que ele me atendesse no dia seguinte eu poderia ligar para a secretaria que ele me atenderia no primeiro horário.

Passei para a medica e a enfermeira de plantão naquele dia, e após uma serie de discussões e entendimentos, resolvi aguardar para o outro dia, quando a medica me disse que me liberaria com o comprometimento de estar imediatamente em contato com o vascular e eu comunicasse com elas (medica e enfermeira) informando o relatório do médico ao meu respeito e todos os procedimentos ate que se afastasse o risco na retirada do Enoxaparina, mantendo o Marevan somente, voltando à normalidade da minha vida com esse medicamento.

Mais no final da tarde por volta das 17/18h a medica veio em meu quarto dizendo que foram feitas modificações nos medicamentos. Concordei então com as condições colocadas por elas, e ja havia ligado para o meu marido, Gilson para que estivesse no hospital por volta das 7h. E assim aconteceu. À minha saída, vieram as duas medicas que estavam trocando de plantão, e a enfermeira chefe me dizendo que nunca elas haviam feito isso, e que só, e exatamente mesmo por isso, pelo fato de me verem uma pessoa seria, com responsabilidade e com conhecimento, fariam isso por conta da minha conduta de seriedade no hospital e pelo pouco que conheciam de mim, puderem ver uma pessoa que realmente assume o compromisso, e se assim fosse, eu assumisse esse

As duas médicas (Dra Carolina & Dra Rafaella) e enfermeira chefe Luana.

compromisso de comunicar ao hospital cada passo dado ao sair dali ate que se retirasse o medicamento ENOXOPARINA e o risco de qualquer trombo assinado em laudo pelo meu médico vascular para o qual estava ja me dirigindo, quando agendei por telefone no dia anterior que naquele horário de saída do hospital ja na chegada de Guarapari ele me atendesse. Concordei é claro e ja fui despedindo delas e após as assinaturas dos documentos de liberação de paciente do hospital, fui embora.

À medida em que ia saindo de Vitória, comecei a repassar para o meu marido o que se passou ali por partes, uma vez que o conheço e sabia qual seria o procedimento dele e que ele não me daria cobertura para isso, no caminho para casa.

Como era previsto, ele não gostou muito do fato de ter saído dali com a responsabilidade nas minhas costas ate que chegasse ao consultório do médico Vascular.

Chegando no médico, que me atendeu sempre com a calma esperada, e colocou junto ao meu marido, todos, mas sem nenhum ponto deixado para trás, todos os riscos em que eu estava assumindo por ter saído do hospital para que, de certa forma, colocasse ali a minha pessoa como a responsável por qualquer dano que eu sofresse. No meu interior, ja colocando para o Senhor Deus, que Ele iria cuidar de mim como fez tantas outras vezes... Eu precisava confiar nEle novamente.

Ao final da consulta, o médico disse que era pra eu procurar um Posto de Saúde e que era preciso que a cada dia eu colhesse meu sangue em um laboratório confiável (ele havia me passado uma lista de laboratórios em que ele confiara) e repassasse a cada dia os resultados pra ele, mas não adiantaria esperar que ele atendesse pontualmente, enfim, ele não me deixaria desamparada. Eu agradeci e fui pra casa.

Depois de 15 dias sem estar em casa e com meu marido, seria muito bom estar em casa, mas para completar tudo isso, era preciso que meu marido estivesse em paz comigo. O que durante todo o dia, ele esteve longe, em frente à TV e o celular e não conversou comigo. Conversava o essencial somente. Neste período do dia, fui atendendo às solicitações de chamadas nas mídias sociais, dos familiares que estavam preocupados comigo. E nesse interim, fui verificando o medicamento necessário e os preços para comprá-los, e postei em vários locais nas mídias sociais como facebook, Instagram e WhatsApp da família aqueles que pudessem, se soubessem de alguém que tivesse sobras desse medicamento e pudessem me repassar, uma vez que o preço era bem caro.

Após a publicação nesses locais, o pessoal da família começaram a entrar em contato, e finalmente após verificação de preços pude comprar a medicação e fazer uso dela conforme prescrito pelo médico.

Ja fui crendo que não precisaria do montante passado pelo médico (14 seringas de 60mg) e que durante 3 dias acreditava que não precisaria de mais caixas. Comprei exatamente as 3 caixas até porque eram as ultimas que estavam nas 2 farmácias que procurei perto de casa.

Dia I - 26/02/2019

TEMPO DE PROTROMBINA	
Material:	Plasma Citrato
Método:	Coagulometrico Automatizado
TEMPO E ATIVIDADE DA PROTOMBINA	
TEMPO	23,70 se
ATIVIDADE	37,10 %
VR: Atividade Protrombinica: 70 a 100%.	
RELACAO PAC/CONTROLE	1,82
INR	1,95

Tomei os medicamentos e fiz o exame. Comuniquei com o médico, enviando o resultado. Pediu pra continuar tomando normal os medicamentos como prescrito.

Dia II - 27/02/2019

Tomei o medicamento e fiz o exame.

Nota-se claramente a subida do nível do INR.

TEMPO DE PROTROMBINA
Material: Plasma Citrato
Método: Coagulometrico Automatizado

TEMPO E ATIVIDADE DA PROTOMBINA

TEMPO	24,70 s
ATIVIDADE	35,00 %
VR: Atividade Protrombinica: 70 a 100%.	
RELACAO PAC/CONTROLE	1,90
INR	2,04

Comuniquei com o médico e me disse para continuar como o prescrito.

Dia III - 28/02/2019

Tomei os medicamentos e fiz o exame.

Comuniquei com o médico, enviando o

TEMPO DE PROTROMBINA
Material: Plasma Citrato
Método: Coagulometrico Automatizado

TEMPO E ATIVIDADE DA PROTOMBINA

TEMPO	28,20
ATIVIDADE	29,30
VR: Atividade Protrombinica: 70 a 100%.	
RELACAO PAC/CONTROLE	2,17
INR	2,36
VR: Anticoagulação pré-operatória: Alvo: 2,5 (Limites: 2,0 a 3,0)	

resultado. Pediu pra continuar RETIRAR A ENOXOPARINA, e fazer novos exames nos próximos dias e continuar enviando os resultados. DEUS É FIEL!

Dia IV - 01/03/2019

Tomei os medicamentos e fiz o exame.

TEMPO E ATIVIDADE DA PROTOMBINA

TEMPO	28,30
ATIVIDADE	29,20
VR: Atividade Protrombinica: 70 a 100%.	
RELACAO PAC/CONTROLE	2,18
INR	2,37

Comuniquei com o médico, enviando o resultado. Disse para repetir as dozes semanalmente e enviar quinta-feira o novo exame. Que a qualquer sinal de sangramento ou trombose procurar o Pronto Socorro para avaliação.

Dia V - 02/03/2019

Tomei os medicamentos e fiz o exame.

Não pude enviar ao médico pois só me foi possível visualizar o resultado no domingo, dia 3/03/19. Neste domingo fiz o exame no Posto de Saúde, no laboratório que o médico não confia, pelo fato de eu mesma já ter tido experiências de resultados negativos totalmente diferentes no mesmo dia.

Dia VI - 03/03/2019

Tomei os medicamentos e fiz o exame pela Unidade de Pronto Atendimento (UPA) Municipal. Como já sabíamos, o resultado não era confiável, mas de qualquer forma o fiz seguindo as instruções dos profissionais de saúde que me ampararam em todo esse processo. (Vitória e Guarapari).

Dia VII - 07/03/2019

Continuei com os medicamentos prescritos e fiz o exame no laboratório de costume.

```
TEMPO DE PROTROMBINA
Material:        Plasma Citrato
Método:          Coagulometrico Automatizado

TEMPO E ATIVIDADE DA PROTOMBINA

TEMPO                                          35,50
ATIVIDADE                                      21,90
VR:         Atividade Protrombinica: 70 a 100%.
RELACAO PAC/CONTROLE                            2,43
INR                                             3,05
```

Enviei ao médico os resultados que me disse passar agora aos exames de sangue semanais e não mais diários. O que significa que estou voltando à normalidade conforme cria desde quando sai do Hospital. O Senhor é o meu Deus, em quem eu confio, e que nunca deixa desamparado os seus.

Me disse também para repetir as doses semanalmente e enviar quinta-feira o novo exame. Que a qualquer sinal de sangramento ou trombose procurar o Pronto Socorro para avaliação.

SENHOR, tu tens sido o nosso refúgio, de geração em geração. Salmos 90:1

Mas eu confiei em ti, Senhor; e disse: Tu és o meu Deus. Salmos 31:14

Fui moço, e agora sou velho; mas nunca vi desamparado o justo, nem a sua semente a mendigar o pão. Salmos 37:25

Enfim, até aqui o Senhor me ajudou!

Quando cremos, as coisas parecem ser mais fáceis....

Há dois entendimentos nessa afirmação...

1 - Se você crê de todo o coração e sua fé esta acima de qualquer dúvida, você conseguirá passar por todo o processo, mesmo que haja divergências no entendimento de pessoas até de quem você menos esperava que se colocaria contra sua fé e seu comportamento. É com você e Deus essa passagem.... você e Deus somente estarão juntos para vencer a batalha que você enfrentará. É ali que você será testado e aprovado.

II - Pode acontecer também, como ocorreu comigo, que precisemos da oração dos santos para nos ajudar a passar pela provação, uma vez que nossa fé talvez seja insuficiente como em Marcos 9:23 quando Jesus respondeu ao pai do menino endemoniado quando este o perguntou se podia fazer algo pelo menino:

23 "...Se podes? Tudo é possível para aquele que crê!".

24: Imediatamente o pai do menino asseverou:

"Creio! Ajuda-me a vencer a minha falta de fé".

Então Ele nos ajuda, até porque meu corpo padecia no momento da prova. A prova envolvia o corpo. Então eu me refugiei em Deus e clamei aos santos por suas orações. E assim como Jesus fez com o menino endemoniado, expulsando do corpo do menino, o curando, Deus atendeu ao meu clamor e às orações dos santos que clamavam por mim!

Como é bom confiar no Deus todo poderoso! Somente Ele é quem pode nos socorrer e nos livrar destes momentos e nos responder com livramento.

E como Deus respondeu! Ele é fiel! Deus é fiel!

Capítulo 5

Carta à prima Keila

Deus é Deus acima de todas as coisas

Estou aqui no calçadão da Praia das Castanheiras e desde cedo estava incomodada sobre minha vida e sobre meus filhos e situações que achei que eu estaria "livre" (despreocupada) sabendo que eles iriam crescer e viver suas próprias vidas enfrentando seus desafios e crescendo. Comecei a ficar meio que desesperada procurando o lugar onde errei, querendo saber o motivo das provações e um culpado pra tudo isso. Coloquei hinos no celular e fiquei caminhando e dando glórias a Deus e clamando a Ele para que me orientasse nas nossas decisões.

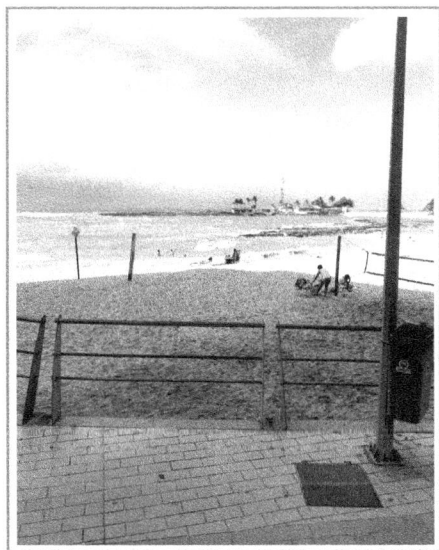

Praia das Castanheiras Guarapari ES

Eu tenho uma forma de falar com Ele enquanto caminho e incrivelmente sinto a presença do Senhor enquanto ouço esses hinos e escuto em cada hino e como

43

me sinto cheia da presença dEle. Tudo o que precisamos está NEle.

Vi o mar agitado e com bandeira vermelha nas praias e vejo pessoas vindo colocando suas cadeiras e indo ao mar como se nada tivesse acontecendo. Parece que elas não estão enxergando-as.

Há um aviso, uma placa com as orientações sobre o procedimento decorrente de cada bandeira mas as pessoas parecem não ter cuidado e curiosidade para ler ao menos e seguir essas orientações! O resultado disso já podemos imaginar.

Assim também é conosco às vezes sabemos e temos a Palavra de Deus a nossa disposição e não temos o trabalho de ler. Hoje estava orando por você e tentando achar uma palavra pra mim e pra você. No aplicativo vi o versículo que li diretamente no livro e capitulo todo e senti uma segurança tão grande e presença de Deus que nos trás essa segurança nos fazendo sentir tão fortes que nada poderá nos abalar. E verifiquei um texto que me chamou atenção - depois se tiver tempo leia. Pegue um dicionário e vai destrinchando aí essas partes pra compreender esse texto.

Veja: Salmos 27(leia inteiro primeiro depois veja:)

"Porque no dia da adversidade me esconderá no seu pavilhão ;

no oculto do seu tabernáculo me esconderá; por-me-á sobre uma rocha."

Sl 27:5

Procurei sobre pavilhão e antes lembrei daquele corinho que a gente aprendia na EBD (Escola Bíblica Dominical), "Sua bandeira sobre mim é o amor", e vi como é bom ter aprendido isso na nossa infância,   E hoje quando adultos nos ajuda! Mas recorri ao dicionário pra colocar aqui pra você e pra mim:

O amor de Deus nos cobre e nos protege nas

pavilhão
pa.vi.lhão
pɐviˈʎɐ̃w̃

~~4. armação de cama~~
5. cortinado do sacrário
6. estandarte
7. bandeira
8. marinha; força naval de um país

adversidades prima! Deus é maravilhoso! Nos fortalece, nos protege nos momentos difíceis e nos eleva acima de nossos inimigos e aí então, é nosso momento de oferecer a ele sacrifícios em ação de graças já crendo na vitória que está sendo dada. Deus é tão bom porque vivemos isso em nossos dias e quer queira nós ou não Ele continua fiel à Sua palavra e derramando suas bênçãos todos os dias sobre nós!

Bom estou compartilhando com você pra saber que estamos conectadas em oração. Eu por ti e sei que você por mim. Agradeço de coração pelas suas intercessões por mim e minha família! Creia que Deus está agindo na sua vida como na minha! Ele é fiel! Vamos continuar assim: clamando e intercedendo por nossas famílias!

Elas são do Senhor Jesus! Propriedade DEle!

Beijos e tenha um final de semana abençoado! E uma semana impactante da glória do Senhor !!!

Te amo, Keila Diniz Cesar Moraes!

Capítulo 6

Muita calma nessa alma... 🎵

(https://open.spotify.com/track/2oAXirG37z38boRahCjk8f)

Caro leitor, uma sugestão: se estiver com este livro como e-book, clique no link acima e escute essa musica de Marcela Taís, ou somente procure no Google ou digite as informações acima do link, enquanto lê este e o próximo capítulo.

Há muito que se aprender com nossas experiências repassadas seja oralmente ou seja por livros, mas leitor, se procurar na Palavra de Deus, ali há respostas para todas as perguntas. Procure com fé e calma que tudo terá suas respostas.

Há uns dias atrás planejei alguns direcionamentos para minha vida e coloquei diante de Deus. Senti que deveria seguir conforme iam me aparecendo em minhas mãos.

Estava esperando o momento certo para poder expôr as ultimas experiências que passei pois estas foram dolorosas de certa forma.

Já vivi coisas bem piores mas quando não tinha ainda minha vida totalmente entregue nas mãos de Deus.

Quando estamos trilhando conforme a vontade de Deus, achamos que tudo irá correr às mil maravilhas. Achamos que "wow!" agora que sou nova criatura, Deus vai endireitar meus caminhos, e esse "endireitar" na nossa cabeça é como se ele fosse literalmente fazer uma linha reta no chão e nos fazer andar por cima dela e ir passando pelas dificuldades (que ficaram abaixo dessa linha) isto é, literalmente não vivenciamos a experiência, pois estamos "acima" da linha.

Ledo engano.

Vamos à minha experiência:

No final de 2019 e inicio deste ano de 2020, eu e meu marido conversamos novamente sobre nossa situação: nossas idas e vindas para os EUA e como nos ajudou financeiramente, porém, houveram alguns problemas decorrentes dessas viagens, pois conseguimos financeiramente de certa forma, adquirir nossos imóveis, porém, com o passar dos anos vêm os problemas de idade. Foram muitos gastos com médicos e exames, dentistas, e nesta ultima vez que retornamos, não conseguimos trabalho. Meu marido verificou seu tempo de trabalho e aplicou para sua aposentadoria, porém, com as novas mudanças de governo, muitas das aplicações feitas para esse fim, ficaram paralisadas aguardando a revisão para confirmação ou rejeição. Na sua primeira resposta, foi rejeitado devido a uma falha do funcionário do INSS. Ele entrou com recurso e até a presente data nada aconteceu.

Com isso também, eu não consegui emprego, mesmo participando em processos seletivos e concursos acabei não tendo o tempo de serviço contado pois a cada processo seletivo para escolha de profissionais da educação, eles alteram a data de validade aceita para esses tempos de serviços, e os meus não se encaixavam, vindo a perder os primeiros lugares para os outros candidatos. De qualquer forma, estou classificada em ambos aguardando chamada.

Porém, com esses gastos todos inclusive os do cotidiano, nossas despesas só nos fizeram vender um apartamento para não ficarmos no negativo.

Abri um negócio de sabonetes e essências e óleos essenciais em Alto Jequitibá com o nome de Indayassu Soap.

Comecei ali reformar um pequeno e antigo estábulo e plantei algumas mudas de essências como Capim Cidreira, Citronela, Hortelã, Hortelã-Pimenta, Sândalo, Pimenta da Jamaica e Patchuli - essas três ultimas que consegui com D. Doris Medeiros (viúva do Rev. Elias Medeiros grande amigo meu na época em que fui Secretária de Educação do Município de Alto Jequitibá). Gostei e gosto até hoje de trabalhar com esses produtos, e para mim foi uma nova descoberta.

Porém, há algo aqui que ainda não posso compreender. Sei que sitio depende de muito investimento para que as coisas fiquem bem e perfeitas para que possamos morar e sobreviver de lá e infelizmente as vendas dos produtos não conseguiam nos manter.

Desanimados, a ideia de retornar aos EUA veio novamente e Gilson cumpriu seu desígnio de ir para lá.

Porém, ele ficou 15 dias em um local numa fazenda do sobrinho dele no Pará, para depois ir pra lá.

Nesse meio tempo eu fui entrando em contato com meus ex-alunos de lá e consegui completar toda a agenda de minha classe novamente, e fui adiantando todas as coisas para que pudesse estar pronta no momento que sentisse de Deus que era pra ir.

Comprei passagens me preparei e chegou o dia. Avisei ao Gilson que no momento estava fora há mais de uma semana e peguei os vôos com destino a Nova York e depois Boston.

Cheguei em N.Y. ao passar pelo agente de imigração, ele me encaminha para uma outra pessoa em outro lugar.

Chegando lá foram várias perguntas e ao final das contas, não me deixaram entrar.

Fizeram um documento do motivo da minha entrada negada e retornei.

No próximo capitulo talvez explique mais detalhadamente sobre o que passei ali.

Enfim, vim pra casa com muita confusão na cabeça, não entendendo o por quê houve tudo aquilo, por quê Deus permitiu eu ter feito todas aquelas confirmações e agendamentos e os gastos com as passagens, e no final das contas não ter entrado no pais onde morei por quase de 10 anos.

Chorei muito e não quis falar com ninguém. Somente mandei mensagens para meus familiares dizendo que estava aqui no Brasil, mas não quis conversar sobre o assunto, até sentir de Deus a causa daquilo tudo ter acontecido.

Por quê Deus não abriu oportunidades de trabalho aqui no Brasil, e abriu lá, e não permitiu minha entrada?

Te convido a vir comigo no próximo capitulo onde poderá compreender mais clara e profundamente sobre esse assunto.

Capítulo 7

Agora é com Ele

Vi uma postagem numa das redes sociais e vou usá-la aqui pois achei muito apropriada para o que vou relatar nessa minha experiência.

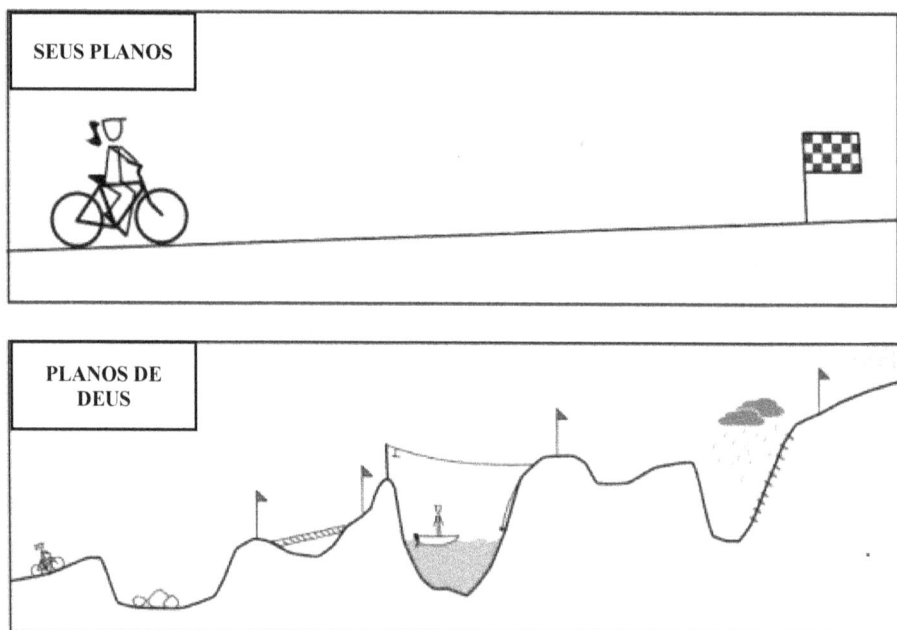

Meus irmãos, considerem motivo de grande alegria o fato de passarem por diversas provações, pois vocês sabem que a prova da sua fé produz perseverança. E a perseverança deve ter ação completa, a fim de que vocês sejam maduros e íntegros, sem lhes faltar coisa alguma.   Tiago 1:2-4

À primeira vista, nos parece impossível e meio louco, ao ver todas aqueles "acidentes geográficos" enquanto estamos fazendo nossa caminhada e ficar tranquilos quanto ao texto de Tiago que nos diz para ficarmos alegres quando passarmos por essas aflições.

Acontece que no momento da tormenta, da aflição, do temporal, não conseguimos ver nada à nossa frente. Então precisamos somente usar o único recurso disponível pelos céus: a fé.

Pois bem. Comecei um período de jejum e oração para compreender tudo o que estava me acontecendo pedindo para Deus me revelar o que foi que aconteceu ali? Se foi mesmo algo que eu devesse passar para me aproximar mais dele e conhecê-LO melhor, glorias a Deus, vou me entregar para que isso se concretize.

Foram 20 dias nesse processo. Todos os dias, orando de madrugada enquanto Deus me chamava, e vinham os momentos das fraquezas e os choros, e as entregas. Ouvia louvores todos os dias, e num desses dias, tirei meus instrumentos da capa, um violão e um ukulele, e cada inspiração que Deus me dava através dos louvores eu tentava cantar e tocar...

Como já havia algum tempo sem tocar meus dedos estavam bem doloridos no inicio, porém, à cada dia que passava, eles ficavam flexíveis e eu estava voltando à forma.

Senti que os louvores me fortaleciam cada vez mais espiritualmente, e o jejum muito mais ainda. Continuei nesse intento, até que completei os dias separados. Minha vontade era a de continuar com o jejum e as atividades ali.

Nesse meio tempo fui organizando os textos que havia preparado para que esse livro pudesse ser escrito, e nisso, comecei colocando todos meus momentos. Já que estava aqui no inicio com meu filho Mateus, e depois sozinha, pois este saiu, consegui escrever todo o restante desse livro, e Deus me guiando nessas tarefas.

Não sei o que irá acontecer depois disso, e nem sei se terei oportunidade de colocar no final desse livro a conclusão do por que não consegui finalizar minha viagem para encontrar com meu marido nos EUA. Mas o que tenho sentido de Deus, é que eu preciso aguardar. Ter calma. No momento certo, tudo se fará a entender os altos e baixos da estrada da vontade de Deus, como ilustrado no inicio desse capítulo.

Antes de pensarmos em viajar, quero compartilhar com você amigo leitor, que sempre orei pelo meu marido, para que Deus cumprisse os planos dEle na sua vida. Nunca, jamais deixei de orar por ele. Então, pedi pela vida dele para que se fosse da vontade do Senhor que meu marido fosse e mesmo que tivesse que ficar sozinho lá, por um tempo, para que Deus completasse aquilo que estava preparado para ele, que assim o fizesse. O mesmo se fosse o contrario: eu estivesse lá e ele aqui. Que se eu estivesse sendo empecilho para o cumprimento da vontade de Deus na vida do meu marido o prendendo impedindo dela chegar fosse eu, que Ele fizesse o que aprouvesse... deixe-me explicar melhor: imagine uma pessoa segurando um balão pelo barbante. O balão precisa subir para que o vento o leve mas o medo de deixar ele solto e o vento o levar para longe não o deixa soltar... é assim. Essa é a forma mais acertada de explicar o que havia entre eu e Deus com relação ao meu marido, nesse momento. Não quero dizer que a vontade de Deus era que estivéssemos separados para sempre pois a própria Palavra dEle nos diz que o que Deus uniu o homem não separe:

> ...'Por esta razão, o homem deixará pai e mãe e se unirá à sua esposa, e os dois se tornarão uma só carne'. Dessa forma, eles já não são dois, mas sim uma só carne. Portanto, o que Deus uniu, não o separe o ser humano!". Mt 10:7-9

Estava entregando totalmente a vida de meu marido nas mãos de Deus.

Deus em sua palavra também nos alerta que marido e mulher não devem se recusar mutuamente e nem ficar tão longe por muito tempo:

> Não se recusem um ao outro, exceto por mútuo consentimento e durante certo tempo, para se dedicarem à oração. Depois, unam-se de novo, para que Satanás não os tente por não terem domínio próprio. 1 Coríntios 7:5

Por isso, aguardo em Deus agora a obra ser completa na vida de meu marido e também naquilo que Ele tem preparado para nossas vidas juntas. E não separados.

Por isso sempre tenho em mente de que nós mulheres precisamos mudar nossas atitudes frente às dificuldades que surgem em nosso casamento, em nossa família, pois

Deus é muito maior do que os problemas e as dificuldades. Ele tem tudo no controle. Temos que aprender a confiar nEle. E continuarmos firmes com nossos maridos e filhos ensinando-os a manterem firmes também para que estes possam suportar o "dia da adversidade" quando esta chegar à porta deles. Uma vez fazendo assim, estamos formando cidadãos e crentes homens e mulheres preparados e seguros para enfrentarem qualquer dificuldades em suas vidas. Com isso, as doenças e problemas conjugais serão minimizados, e o nome do Senhor será exaltado em cada família que se resgatará das mãos do inimigo.

Capítulo 8

Ele nunca falha!

No capitulo anterior, disse que não saberia o que iria acontecer depois disso, e nem saberia se teria oportunidade de colocar no final desse livro a conclusão do por que não consegui finalizar minha viagem para encontrar com meu marido nos EUA. Mas o que tenho sentido de Deus, é que eu preciso aguardar. Ter calma. No momento certo, tudo se fará a entender os altos e baixos da estrada da vontade de Deus, como ilustrado no inicio desse capítulo.

Hoje posso dizer que Deus realmente tem tudo no controle dEle.

Como todos sabem, estou lançando esse livro exatamente no período em que todos estão em casa, por conta da Pandemia em que se tornou todo o mundo, causado pelo vírus COVID-19, que segundo o site do governo federal.

Coronavírus é uma família de vírus que causam infecções respiratórias. O novo agente do coronavírus foi descoberto em 31/12/19 após casos registrados na China. Provoca a doença chamada de coronavírus (COVID-19).
https://coronavirus.saude.gov.br/

E por conta disso foi o motivo de estar em casa neste proposito de finalizar os meus livros e depois distribui-los para que seja feita segundo a vontade de Deus.

Nesse período estou me fortalecendo, creio ser a forma de que Deus irá me usar para levar a palavra dele por onde ele me enviar.

Outra coisa, é poder trabalhar em algo que estava há muito tempo guardado para o momento certo: o desejo de lançar obras para ajuda em alfabetização de crianças... principalmente das que moram fora do Brasil. Há muita necessidade de obras para aquelas que falam duas línguas, mas que não são bilíngues por não conhecerem de fato nossa língua portuguesa como convém, ensinando-as a gramática correta e assim, poderem falar e escrever com perfeição.

Como disse, Deus está no controle sempre, e se resolvermos deixar Ele nos dirigir, podem crer que Ele fará o melhor para nós.

Creio que tudo coopera para o bem dos que amam a Deus, dos que creem em sua promessa.

> *"todas as coisas cooperam para o bem daqueles que amam a Deus, daqueles que são chamados segundo o seu propósito". Romanos 8:28*

Por isso, vejo luz no meio da escuridão. Vejo esperança onde há somente fim declarado. Não é questão de ser otimista, mas sim, uma questão de ter fé.

Poderia estar aqui lamentando e me sentindo enclausurada, com depressão, mas, (sempre há um *MAS*... com Cristo) preferi, escolhi ter fé, usar esse tempo para engrandecimento da obra dEle na minha vida, não deixo o medo me tomar. Saio na rua sim, com cuidado e atenção. Sigo as orientações do Ministério da Saúde, porem, não me deixo escravizar. Deus está no controle dessa tempestade. Há sempre uma "luz" e essa luz é Jesus, como diz nosso grande cantor Roberto Carlos. E, acima de tudo, também na Palavra de Deus:

> *Falando novamente ao povo, disse Jesus: "Eu sou a luz do mundo; aquele que me segue, não andará em trevas, mas terá a luz da vida." João 8:12*

Conclusão

Na Palavra de Deus em Hebreus 10:32-39 (NTLH) está escrito:

> *Lembrem do que aconteceu no passado. Naqueles dias, depois que a luz de Deus os iluminou, vocês sofreram muitas coisas, mas não foram vencidos na luta. Alguns foram insultados e maltratados publicamente, e em outras ocasiões vocês estavam prontos para tomar parte no sofrimento dos que foram tratados assim. Vocês participaram do sofrimento dos prisioneiros. E, quando tudo o que vocês tinham foi tirado, vocês suportaram isso com alegria porque sabiam que possuíam uma coisa muito melhor, que dura para sempre. Portanto, não percam a coragem, pois ela traz uma grande recompensa. Vocês precisam ter paciência para poder fazer a vontade de Deus e receber o que ele promete. Pois, como ele diz nas Escrituras Sagradas: 'Um pouco mais de tempo, um pouco mesmo, e virá aquele que tem de vir; ele não vai demorar. E todos aqueles que eu aceito terão fé em mim e viverão. Mas, se uma pessoa voltar atrás, eu não ficarei contente com ela." Nós não somos gente que volta atrás e se perde. Pelo contrário, temos fé e somos salvos."* Hebreus 10.32-39.(NTLH)

Enfim, nossa missão é sempre estar disponível para Deus agir em nossas vidas como Ele quiser. Precisamos estar totalmente dispostos e entregues à vontade de Deus.

Ninguém melhor do que Ele, que nos criou e que nos conhece desde a fundação do mundo para cuidar de nós, pois sabe o que é melhor para cada um de nós.

"Antes da criação do mundo, Deus já nos havia

escolhido para sermos dele por meio da nossa união com Cristo,

a fim de pertencermos somente a Deus e nos apresentarmos

diante dele sem culpa. Por causa do seu amor por nós,"

Efésios 1:4 NTLH

Minhas ultimas palavras aqui neste livro é que tenham bom ânimo, ao passardes por aflição... Nestas aflições nos tornamos mais fortes. Mais fortes para enfrentarmos mais lutas à frente, e até às vezes por um de nossos familiares. Elas parecerão para nós como uma luta normal, onde já temos a certeza de que teremos vitória. Sairemos vitoriosos dela, pois provamos anteriormente a experiência de passarmos com Cristo, e sairmos aprovados em cada uma delas.

Sigam na caminhada com Cristo e registrem vocês mesmo, cada vitória dada por Cristo, à cada um de vocês, e sejam instrumentos nas mãos de Deus para a pregação do Evangelho por onde forem. Até que Ele venha!

Maranata, ora vem Senhor Jesus!

·

www.ingramcontent.com/pod-product-compliance
Lightning Source LLC
Chambersburg PA
CBHW032030090426
42741CB00006B/795